大连理工大学文化建设丛书

凌工路2号

那人 那事 那景

【龙海波 ◎ 摄影／刘宏武 ◎ 撰文】

大连理工大学出版社

Dalian University of Technology Press

图书在版编目 (CIP) 数据

凌工路2号: 那人 那事 那景 / 龙海波摄；刘宏武
撰文. 一大连：大连理工大学出版社，2013.12
　（大连理工大学文化建设丛书）
　ISBN 978-7-5611-7881-2

　Ⅰ.①凌… Ⅱ.①龙… ②刘… Ⅲ.①大连理工大学—
图集 Ⅳ.①G649.283.13-64

中国版本图书馆 CIP 数据核字 (2013) 第 111447 号

出版发行：大连理工大学出版社
　（地址：大连市软件园路 80 号　邮编：116023）
印　　刷：大连金华光彩色印刷有限公司
幅面尺寸：170mm×240mm
印　　张：12.75
出版时间：2013 年 12 月第 1 版
印刷时间：2013 年 12 月第 1 次印刷
责任编辑：逯东敏　房　磊
封面设计：冀贵收
责任校对：王　培

书　　号：ISBN 978-7-5611-7881-2
定　　价：45.00 元

发　　行：0411-84708842
传　　真：0411-84701466
E-mail: dutp@dutp.cn　URL: http://www.dutp.cn

丛书序

　　1949 年春天，新中国成立前夕，大连理工大学这所党为迎接新中国经济文化建设高潮到来而亲手缔造的正规大学诞生。六十余年来，几代大工人秉承延安艰苦奋斗的革命传统，以海纳百川的气魄和胸怀，同伟大的社会主义祖国同呼吸、共命运，学校从建校之初规模不大的工科院校发展成为一所以培养精英人才、促进科技进步、传承优秀文化、引领社会风尚为宗旨，以人才培养为根本任务，本科生教育与研究生教育并重，以理工为主，理、工、经、管、文、法、哲等学科协调发展的多科性大学，成为一所教育质量和科研水平较高、学科特色鲜明、师资力量较强、综合实力居于国内同类高校前列，并具有一定国际影响的大学。

　　任何组织的发展、壮大，离不开文化的作用。文化解答了"从何而来"的疑问，也道明了"去向何方"的迷惑，它是浓缩的历史，也是预想的未来。在繁杂的文化分类之中，依托高校的组织形态，于深厚的文化底蕴里形成的一种独特的社会文化形态，即为大学文化。

　　弘扬大工文化，不但是对学校历史的铭记与尊重，也是对学校未来的期许与指引。

　　六十余载岁月征程，大连理工大学在上下求索、艰苦创业的同时，也造就并形成了蕴意丰富、特色鲜明的大工文化。学校建校伊始，李一氓、吕振羽、段子俊、屈伯川等老一辈革命家、教育家带来的党的优良传统和作风，毕德显、王大珩、张大煜、钱令希等一批爱国知识分子带来的科学报国和严谨求实的精神，尉健行、闻世震、陈佳洱、倪润峰等大批优秀学子铸就的奋发图强、成才报国的进取精神，在大工这块深厚的土地上，经过 60 余年的涵养积淀，逐渐形成了以"海纳百川、自强不息、厚德笃学、知行合一"为基本特征的大工传统和大工精神，形成了"团结、进取、求实、创新"的优良校风和"勤奋、严谨、求实、创新"的优良学风，成为大工一直以来薪火相传、不断发展壮大的力量之源，成为大工人取之不尽，用之不竭的宝贵精神财富。

　　回顾大工 60 余年的历史，无论是建校初期、还是独立办学之后，无论是改革开放以来，还是进入新的历史时期，之所以在不同的发展阶段一路前行、不断壮大、桃李芬芳、誉传四海，正是得益于大工传统和大工精神的恒久激励，得益于学校优良校风和学风的长期涵育。可以说，大工的历史，首先是一部以大工精神为核心的奋斗史，科学精神、民族精神与时代精神构成了它的基本内核，展现出的是大工人海纳百川的胸怀抱负，矢志创新的不懈追求，专注学术的淡定心态和报效祖国的赤子情怀。

一代代大工人传承并丰富着大工的精神与传统，大工的精神与传统也在影响并塑造着一代代的大工人。在这个相互融合、相互吸纳的过程中，形成的价值观与情感就是极具特色的大工文化。今天，大工迎来了新的发展纪元，面对全面建成小康社会和实现中华民族伟大复兴的历史使命，大工人需要不断提升文化自觉，在清醒的继承与借鉴中，弘扬优秀的大工文化，实现学校文化的创新，进而与其他大学人一道，为推动社会主义文化大发展大繁荣做出应有的贡献。这既是大学发展的内在需要，也是大学理应承担的责任与使命。

2008年，学校第十二次党代会提出全面推进大学文化建设，不断增强大学文化在学校各项事业发展中的凝聚导向作用。2009年，学校首次颁布《大连理工大学文化建设纲要》，对大学文化建设工作的基本原则、主要任务与建设内容作出明确规定。随着学校文化建设工作的不断推进和工作认识的不断深入，尤其是在胡锦涛同志发表清华大学百年校庆讲话、党的十七届六中全会胜利召开之后，为更好地适应新形势、贯彻新要求，提升学校文化建设的整体水平，学校又颁布实施《大连理工大学文化建设纲要（2012-2020）》、《大连理工大学基层文化建设指导意见》等一系列规划部署，力争将学校文化建设水平推向新的高度，为大工文化增添新内涵，使大工文化更具生命力、影响力、号召力和向心力。

本套文化丛书作为大连理工大学文化建设工作的重要载体之一，力争从各个角度全方位总结、梳理大工文化建设所取得的成就，力争为读者展现出一幅鲜活生动的大工文化画卷，让大工人更加直接地感受母校的精神血脉，成为新的知校、爱校、荣校的教育资源，也让更多的人走近大工、了解大工，感受大工文化的独特魅力，传播大工文化的品牌形象。

文化建设工作不能一蹴而就，需要长期坚持不懈地努力；对于文化的感知与理解也不必整齐划一，而要提倡百花齐放。我们希望通过这套文化丛书的出版发行，让校内外、海内外更多的人都来关心大工和大工文化的建设与发展，进一步增强学校的凝聚力，提升软实力，早日实现大连理工大学建设国际知名的高水平研究型大学的奋斗目标。

大连理工大学党委书记 张德祥
2013 年 10 月

序

凌工路2号，是一个地理坐标，它告诉人们，一所大学，一所让20万学子魂牵梦绕、一所让众多考生心神向往、一所让社会各界人士认可敬佩的大学的所在位置。

凌工路2号，其实更是一个精神符号、一个文化符号，它是20万大工学子的精神圣地，凡是在这里学习、工作过的人们都无法忘怀这座学府给自己以母亲乳汁般的精神滋养，正是这里的时光，让自己获得了生命的坚实，也是这里的时光，给自己留下了诗一般的青春记忆。

亲爱的读者，您现在手里捧着的这本《凌工路2号》，就是关于这所被人们誉为"读书、做学问的好地方"的学府——大连理工大学的镜头记录，是这所学府在一个甲子轮回后她的精气神向世人的展现。海波同学（其实海波已是大连理工大学的一名员工、一名记者，但我还是叫他"同学"，是因为他在这里学习、长大，对于他的母校，他永远是这里的同学，还有就是叫他"海波同学"有一种由衷的亲切感）几年来以他的心灵、情感和镜头记录了这所大学。他的作品原本是在校园网上传播的，并受到同学们的追捧，我在偶然间看到了这些闪动着灵性的作品，并感觉到这是一个用爱来记录自己母校的同学的作品，所以就鼓动他将这些作品结集出版，并帮他为这本摄影作品集取了名字——凌工路2号。

我说凌工路2号更是一个精神文化符号，还在于大连理工大学经过64年的发展，她的物理空间已经发生了变化，她从一二九街校区发展到凌水校区（校本部），后来又拓展到开发区校区和盘锦校区，但这些校区的文化之根、精神之源却都在凌工路2号，这是所有大工人都认可的。

我一直认为，摄影艺术是关于一个事物的精神切片，它是一个事物在那个特定时间里的瞬间记录，它告诉人们那个时间里的那个事物的那个状况。现在大家看到的《凌工路2号》就是大连理工大学在成长64年后的记录，我真诚地希望，64年后还有一本《凌工路2号》出版，到那时，眼前的这本《凌工路2号》就会更加显现出它的文献价值，至少能够给后人们的研究提供一个比照。

大连理工大学盘锦校区党工委副书记
大连理工大学盘锦校区管委会副主任
郭金明

大连理工大学文化建设丛书

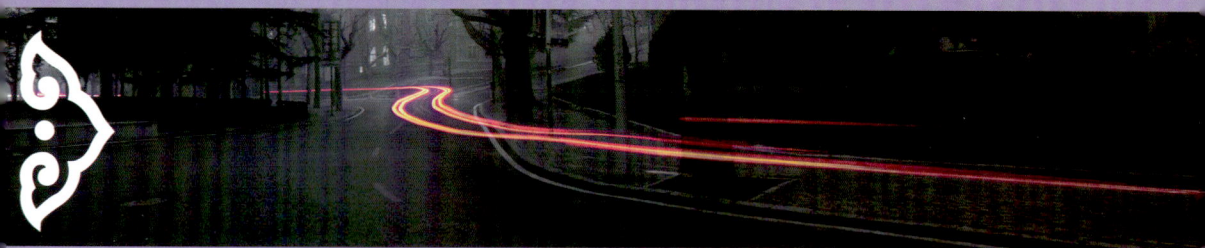

目 录

好久不见

你会不会突然地出现
在熟悉的那个角落
我会带着笑脸
在回忆的映衬下
只是说一句好久不见

每一个黄昏
都是回忆的钥匙
回忆的温床上
生长着我们的昨日
想念的长椅上
端坐着的是故人
在那无限美好的余晖下
我们的故事 被那片草地传唱
你的脚步再次响起
问候那时光

拍摄地点：运载工程与力学学部前

雪漫天
思绪如风般无形
熟悉的长椅上
积满了今年的雪
不太清晰的树林
却依旧在过去中扎根
我们能想起春天
就因为这漫天的白雪

好久不

通往南门的树林里
有着这座大学所有的秘密
传说中树是保卫秘密的卫士
那些心怀秘密的我们，你们，他们
就这样讲述着自己的故事
直到有一天
长大的我们
回到这个学校的门口
才发现
那些秘密
一直都在

拍摄地点：汇英路（俗称情人路）

前行对于所有人来说
都是一场挑战
我们不知道前方在哪里
就像这座大学的雪一样
倏忽而降
不留线索
那一排排熟悉的水杉
见证了一个个逆风而行的少年
他们就在这风雪中慢慢长大
留下一排排脚印

好久不见

鱼

不会说话

但是它能看见大工的天空

水下的世界

像这座大学一样

纯净空寂

鱼

不会说话

因为眼泪流入了水中

不留痕迹

就像变老一样

我们不愿变老

渴望永恒的年轻

直到那一年

我们成为归人

满载着自己的荣光

才发现

我们的年轻

不永恒

才完美

拍摄地点：西山沁园鱼池

你是否记得这座雕塑

它是不知疲倦的歌者

在那树的尽头

听着那里的歌声

散发着那座宿舍

听着每一个心跳声

它是雕塑

却拥有心跳

它从未活着

却永不死去

因为每一年的那一天

都会有

新的血液流入它的体内

那就是

每一个成为大工人的你

拍摄地点：西山沁园

枯叶落满那条小路的时候

秋悄然而至

每年秋天

都有一次别离

秋叶无痕

你是否记得那年秋天　　　　　　　舍不得的那些老地方

我们一起出发　　　　　　　那座充满着将军气质的基础部

你是否记得在通往北山的树林里　　　　　那座流淌着侠客血液的材料馆

我们坐在石椅上的时光　　　　　　　　他们都在路的尽头

你是否记得　　　　　　　　我踏上寻找他们的路

满地的落叶上的痕迹　　　　　　　却发现对面站着

每一片秋叶　　　　　　　　多年前的自己

都是我们留给学校的明信片　　　　　　　原来

上面写着　　　　　　　我们一直都没有离开

我们来过

好久不见

大工的每一个转角都是那么独特
你永远不知道
转过这个角落
看到的是
满眼葱郁
还是
那样苍茫的暮色
你所知道的是
假如你不转过去
你永远看不到那里的精彩
多年以后
再次拐过街角
那些故事
变成了流年

拍摄地点：网络与信息化中心旁

好久不见

对于每一个大工人来说
主楼是一个神秘的存在
他伴随着这座学校度过了
风风雨雨
他的所有故事
都成了一个谜
那一座雕像
永远注视着远方
他的眼神里有所有答案
他注视着远游的我们
仿佛我们从未远行
他数着一分一秒
见证了多少大工的辉煌
却从未停止
因为他在等我们回来
等着这群远游的孩子
回家

拍摄地点：主楼广场

拍摄地点：主楼广场

雪

是大工必不可少的元素

我们曾经想象过的所有浪漫情节

都是那个雪夜

我们从不曾注意到仰起头时

那种细碎的感觉

青春不是密阳

而是风雪交加

当我们裹紧衣服抵御风雪的时候

我们就开始怀念

那场叫做青春的风雪

落叶归根

是那些旅人的愿望

每一片落叶都仰望着曾经的家

诉说衷肠

他们管那叫做眷恋

就像这里远游的学子一样

他们从没忘过

回家

拍摄地点·伯川图书馆南门

我想那位老人没有忘记
这片他热爱的土地
所以
他始终凝视着
这片希望的沃土
那里有一群少年
他们在灵魂的战场上拼搏
老人殷殷的眼神
始终陪伴他们走在前行的路上

好久不见

拍摄地点：八角楼前

生命像是一场圆周运动
我们不停地在循环
从出生到离开
那些光明伴随我们
像是施舍品
我们逃脱不了命运的圭臬
所以只能笑对自己的圆周率
这就是生活

好久不见

校园的夏天是 一个美好的季节
它的美好在于
生命力
就像那时的我们一样
我们朝气蓬勃地走在
这条郁郁葱葱的路上
那条叫做情人路的小路上
有着我们的情怀
我们的爱情
我们的一点一滴
我们的大学生活
就幻化成那一条路
行走在我们的生命中

我最喜欢的大工建筑
其实是这栋水中的楼
绿油油的爬山虎
每年夏天都会按时光临
我想
最难舍的
就是那一抹绿色吧

拍摄地点：西山沁园鱼池

思想绾成了光怪陆离
我们行走在
没有哲学家的小路
看不透
想不通
走不出
那纠结的心像树枝一样
缠绕

拍摄地点：材料馆旁

雨后的西山

到处都有河流和湖泊的映像

河流和湖泊映照着一切美好

我们喜欢一切反射面

因为它们将真实复制

我们喜欢幻觉

因为就像我们的大学生活一样

如此美好

让人流连忘返

当我们俯瞰这座校园的时候
我们感觉些许陌生
灯火通明仿佛只是星球以外的传说
就像我们审视自己一样
那些光鲜亮丽
美好到不真实

只有你自己知道
自己孑然一身
当我们充满回忆地想起这所校园的时候
才发现
那些角落
都是如此似曾相识

拍摄地点：牛角山顶

拍摄地点：大连海事大学楼顶

其实，美好也是一幅拼图板
将这所大学那些难忘的角落
拼接成一幅画
他们在讲述一个故事
故事有关于我们
大黑楼的肃穆
体育场的激情
那些车水马龙的夜晚
最后都留在
大连理工大学
这六个难以忘怀的字上

时光的秘密就在于
老去
因为老去才知道
什么叫做年轻
那熟悉的秋
早已远去
那古老的树
还在焕发着生机

世界上最美的是黄昏
因为那是一天最华丽的谢幕
那天上的云彩
是天然的画笔
我们敬仰那种五彩斑斓
明知道黑暗即将来临
却毫无畏惧
因为今天越灿烂
明天越美好

拍摄地点：刘长春体育馆

将希望带给人间
我们永远不会放弃希望
只因光明

人生最不可测的
叫前方
人生最别无选择的
叫未来
前方与未来都有一个问题
它叫生活
生活有一个方向
叫奋斗

好久不见

时光的牧笛
唤醒了沉睡的生机
光芒的下一秒
刻画了又一个新的街景
行走的人群
被温暖包围
却浑然不知
我们虽是过客
却注定成为别人生命中不可或缺的一分子
因为我们在一起
才会温暖

拍摄地点：基础部

有一种地方
它在我们眼里每一秒钟都是精彩的
有一种经历
它在我们的生命中荡气回肠
灯火流苏
白驹过隙
不变的是那一抹母校的云

拍摄地点：牛角山顶

好久不见
053

那些熟悉的窗口
现在又有不同的少年
那些熟悉的场景
现在又上演不同的故事
还记得那间老旧宿舍的走廊里
我们嬉笑怒骂着
曾经度过的青春吗？

拍摄地点：西山 15 舍前

你的一生中会遇见很多背影
也许它让你张望
也许它让你流连
也许它让你思念
但终究它会远去
带走那阵华丽的冰雪
留下一排坚实的足迹

拍摄地点：主楼广场

大工的树
是这座学校不可或缺的精灵
它们伴随着这座学校
走过一段段水墨
它们的养料是时间
它们的根须在蔓延
在这大工的征程中
永远做一个不朽的见证者

墙
留给了这个世界一个范围
树
留给了这个世界一枝新绿
孤寂的围墙边上
那一抹绿陪它做伴
谁记得
那年春天
陪伴你的绿树

争论

终究是一场迷雾

也许看不清前方

也许跌跌撞撞

但是那尽头处的迷茫也正是

所有人想要得到的结果

拍摄地点：模具研究所后的树林

雪中的大工
从来都是最美的
在这里
所有的生活都变得纯白无瑕
我们想起夏天的炎热
秋天的萧瑟
也想起
大工的温度
并非一成不变
却永远充满温暖

拍摄地点：主校区体育场

拍摄地点：主校区体育场旁

等到风雪中
我们连自己都看不清
我们才知道
前行需要多大的勇气

好久不见

我们向往春天
因为春天孕育生命
我们向往清晨
因为清晨唤醒希望
我们喜欢一切开始的冲动
就像那年的我们
愿意不断重新开始
以为一切都会跟我们同行
直到今天
才发现原来
这个我们曾经开始一切的地方
一如既往
它从未离开
始终与我们同行

拍摄地点：模具研究所后的树林

谁也不会忘记大工的秋
那充满浪漫的金黄
那一条条铺满黄叶的街道
我们踩在上面
发出清脆的声音
那时候
我们感知到生活

好久不见

拍摄地点：东山网球场

匆匆

匆匆离开

匆匆落下

匆匆遇见

匆匆匆匆

直到我们想不起当年球场上

自己的英姿

看着那些年轻的他们

唤醒了那个奔跑的自己

才知道

匆匆

好久不见

大工的路
纵横交错
那明晃的车灯
不停地警醒着还在路上的情侣
世界上没有童话
如果要寻找
最完美的时刻
就是这黑暗中的跟随
不离不弃

拍摄地点：管理与经济学部后

拍摄地点：汇英路（俗称情人路）

那块石碑
像是某种神谕
求实创新的坚定
经得起所有快进的时光
人生是在不断地追寻
总有些东西
一成不变

拍摄地点：牛角山顶

绚烂
往往要从远处观望
于是
我有了一个哲人般的发现
只有走得足够远
才能看见恢弘
永远不要惧怕距离
那里有一切答案

传说相濡以沫不如相忘于江湖
但是
若能相濡以沫
又怎能愿意相忘于江湖
这前行的风雪
有谁愿意
自己承受
幸亏有那古树
在身边相伴

好久不见

拍摄地点：花果山

人总有很多路要走
也许铺满鲜花
也许布满荆棘
但是在大工
我们明白了
有一条路叫做
向前

大工的猫

是一种神奇的生物

它们是上天赐给这座学校的精灵

它们不知何时会出现

不知何时会消失

它们的身影出现在每个角落

让你难以捉摸

那不经意间的凝视

让我们觉得

生命这东西

充满乐趣

大王的树
每一棵都是历史
它们每天将阳光从枝叶间放行到人间
也看着那些渺小的我们
它们像是讲故事的人
我们听不懂
却能看懂

拍摄地点：一馆后

好久不见

我们难忘
那一抹竹的绿色
在这座不老的大学
它们坚守着不屈的灵魂
像这所学校的学子一样

永远坚挺
从不低头
风雨中也不流露出懦弱
只因为
雨过天晴的美丽
只有坚持到底才能体会

人们不喜欢特立独行
因为别人越独特
我们越平凡
我们却从来不去考虑
平凡是自己选择的
我们从来都知道
特立独行需要多大的勇气
只是我们做不到

拍摄地点：综合办公二号楼后

人们说最浪漫的瞬间
是花开的瞬间
那光芒
呼啸而出
伴随着香气
就像青春一样
绽放
需要鼓足所有的勇气

拍摄地点：材料馆旁

黑暗中的花
绽放
绿色的叶
牵挂
在黑暗中
最绚烂的颜色
那是生命
最伟大的奇迹

拍摄地点：材料馆旁

停车坐爱枫林晚　霜叶红于二月花

拍摄地点：材料馆旁

你我最幸福的场景就是 玉兰翘着手指 叩开校园之春的大门

有些美之所以美丽　就是因为　它美得如此不真实

拍摄地点：材料馆旁

忍耐了很久
最后仍然要拿这张图片作为
"好久不见"的结尾
大工最美的就是黄昏
因为那一抹羞涩的云
还因为
那看似渺小的我们
因这所学校变得意义非凡

拍摄地点：牛角山顶

大连理工大学文化建设丛书

围城

这里像一座围城
里面的人想出去
外面的人想进来
进来的人精修灵魂
出去的人创造奇迹

这学校的空旷

无从解释

它可能突然变得少言寡语

它虽然保持着哲人般的沉默

我们依旧能从其中

找到曾经的自己

无数个自己

无数个日日夜夜

我从这里走过

拍摄地点：教育书店门前

灯光是一种黑夜的纹章
黑夜是一种信仰
我们畏惧它
因为它迷离
我们信仰它
因为它真实
真实到没有粉饰

拍摄地点：西山 15 舍楼顶

我最喜欢俯瞰这座校园
因为那里有所有人的喜怒哀乐
我喜欢记录下一切
因为我想
这一切马上就会过去
那扇窗棂
挡不住我的思绪
它早已飘过白雪皑皑的岁月

拍摄地点：令希图书馆

我们长了一双神奇的眼睛
它可以看见虚幻的世界
可以看见虚伪
可以看见真实
最重要的是
望过那片连廊
那头的主楼
在你的眼里也变得可爱起来
也许这跟眼睛无关
只因心中那一股暖流

拍摄地点：伯川图书馆北门大厅

雪
绽放出花朵
在伯川图书馆的夜空
一群苦读的人
在体会
润物无声的感觉

没人能永远活在过去中
就像树也总要有新的枝桠
这座学校也一点点
孕育着新的希望
那一座红色的桥
连接着过去和未来
却不知道对面的人
能否看见

拍摄地点：彩虹桥

假如时光听得见
那一定会是一曲交响乐
那里有一个甲子轮回的拼搏
也许我们听不见
只有那同样沧桑的树
跟它唱和

拍摄地点：材料馆前

朝阳升起的时候
我们会眷恋夜晚
因为那里有着我们迷恋的梦幻
但当我们踏上未来
我们就被那种真实感
震撼
就像每一天都会升起的太阳
永不懈怠

拍摄地点：北山大工桥下

风雪的力量在于打磨
六十多年的风雪
这所学校不停地变化
从小变大
从空旷变繁华
从默默无闻到誉享全国
但是有一件东西
它从未抛弃
那就是
大连理工大学
这六个神圣的字符

拍摄地点：学校南门

人生难免遇到选择
而我们总有两种选择
向左
向右
其实
我们总想急地把结果归结于天意
在一切发生之前
我们谁是最为能的预言家

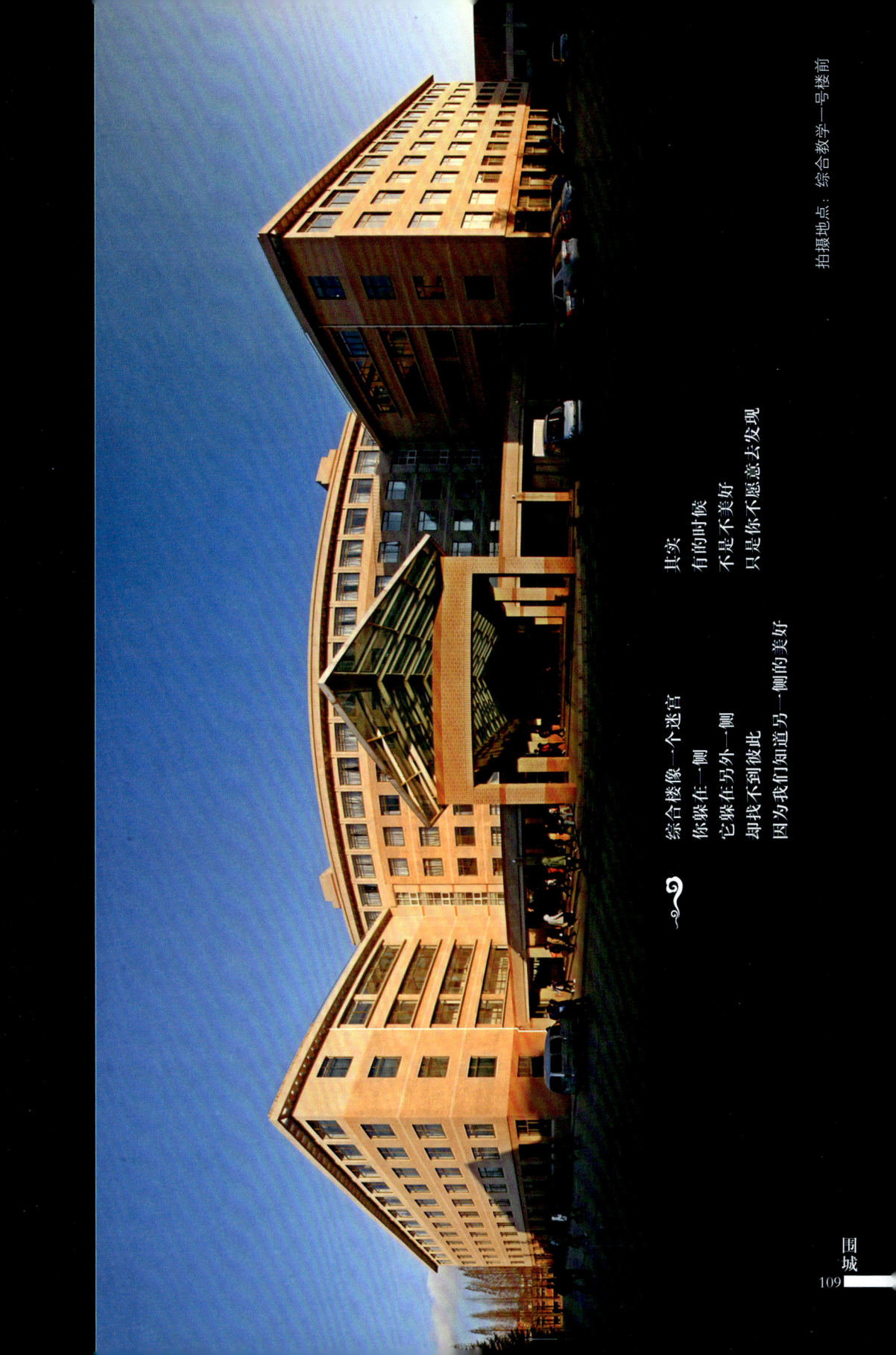

综合楼像一个迷宫
你躲在一侧
它躲在另外一侧
却找不到彼此
因为我们知道另一侧的美好

其实
有的时候
不是不美好
只是你不愿意去发现

云下的美丽
云上的日子
令希馆前的广场被灯光照亮
我们吟唱着归来的咏叹调
每个人都有一个长征

在路上
我们回头
就看见那个我们出发的地方
它不是归宿
只是寄托

拍摄地点：西部校区广场

冬天是世界上最美丽的时候

银装素裹

充满神圣的纯洁

这座学校最美的季节

不是冬天

而是每一天

因为有那些美丽的我们

充当它的风景

拍摄地点：主校区体育场

生命中总有些精彩
在未来才能看见
就像
那些灯火通明的美丽
只有在最黑暗的时候才会绽放

我们埋葬黑暗的时候
也埋葬了最华丽的夜晚
所以，
不要拒绝黑暗
因为光明在黑暗中
才显得弥足珍贵

绿茵最大的魅力
就在于那一群伙伴
那一群一起奔跑的人
他们不停挥霍着青春激情
这座学校见证着
这群追风少年
直到他们踏上
那叫做社会的球场

拍摄地点：西部校区体育场

围城

拍摄地点：创新园大厦

当你仰望天空的时候
乌云也会不合时宜地出现
靠着高耸的大楼
看着眼前的人海

你仿佛像一只鸟
飞到那空中
拥抱太阳
即使炽热

即使坠落
也不想淹没在人海之中

我回到这座校园
那些歌曲还在耳边
那些身影还在眼前
那间老老的电影院依旧
在那山顶
你路过
会不会想起
它叫山上礼堂

拍摄地点：山上礼堂

A1区
33

印象中的事物总有一些
慢慢消失
我们的生活不是一成不变的
那些古老的回忆
终有一天
将会泛黄

终有一天
它会只存在这封闭的映像中
但是
在一二九街化工学院的深处
仿佛镌刻着
不朽的丰碑

拍摄地点：市内校区一二九街

你问我陈旧的意义
我用时光回答你
你问我温暖的感觉
我用融雪回答你

你问我如何继承那不灭的火焰
我用坚持回答你
只要心不死
希望就在

拍摄地点：市内校区一二九街

我们的视线
就像这镜头一样
在风雨中就会迷离
看不清纷纷扰扰的世界
你说阴天总会过去
于是我撑着伞
站在一馆门口
等着那传说中的太阳
只是没有发现
这一站却已经站过了流年
那漫长的守望中
只有古楼
耐得住流年
坚守着我们的家

拍摄地点：一馆门前

拍摄地点：主楼广场

有人说
这张之前曾经出现过
我却说
那是一处景观
现在
这是一处城
属于所有大工学子
记忆中抹不掉的
一座城

当一切失去颜色
你还记得它的美丽
那叫做眷恋
当那人影长长地拖过宽阔的街道
却没有任何移动
那叫做流连忘返

有一种力量
冲破所有迷茫
有一种眼神
审视百年
有一种恩泽
永恒施予
有一位老人
鞠躬尽瘁

时间的智慧在于铭记

那些古旧的传奇

被浓缩在那一个个凝望中

钱老的目光

看穿百年

仍然能看见这座学校

不朽的灵魂

最难忘的是那朗朗书声
最难忘的是那片片斜影
最难忘今天
最难忘昨天
最难忘终究也会忘记
直到故地重游
我们才知道
那些难忘
都是一种执着

拍摄地点：材料馆旁

一馆的南墙像一块银幕
那狂舞的树成为它的内容
我们感觉不到
这墙上世界的疯狂
我们只能感觉到
这教室带给我们
无比平静的脉搏

拍摄地点：一馆门前

它的名字叫软件学院
它也许与理工大学有着遥远的距离
但在那群山之中
那种灵魂却悄无声息地蔓延
它们是双生子
它们是不可割舍的兄弟
它们都是睿智的长者
它们目送着那些孩子离去
带着它们的精神
发光发亮

拍摄地点：软件学院图书馆瞭望塔

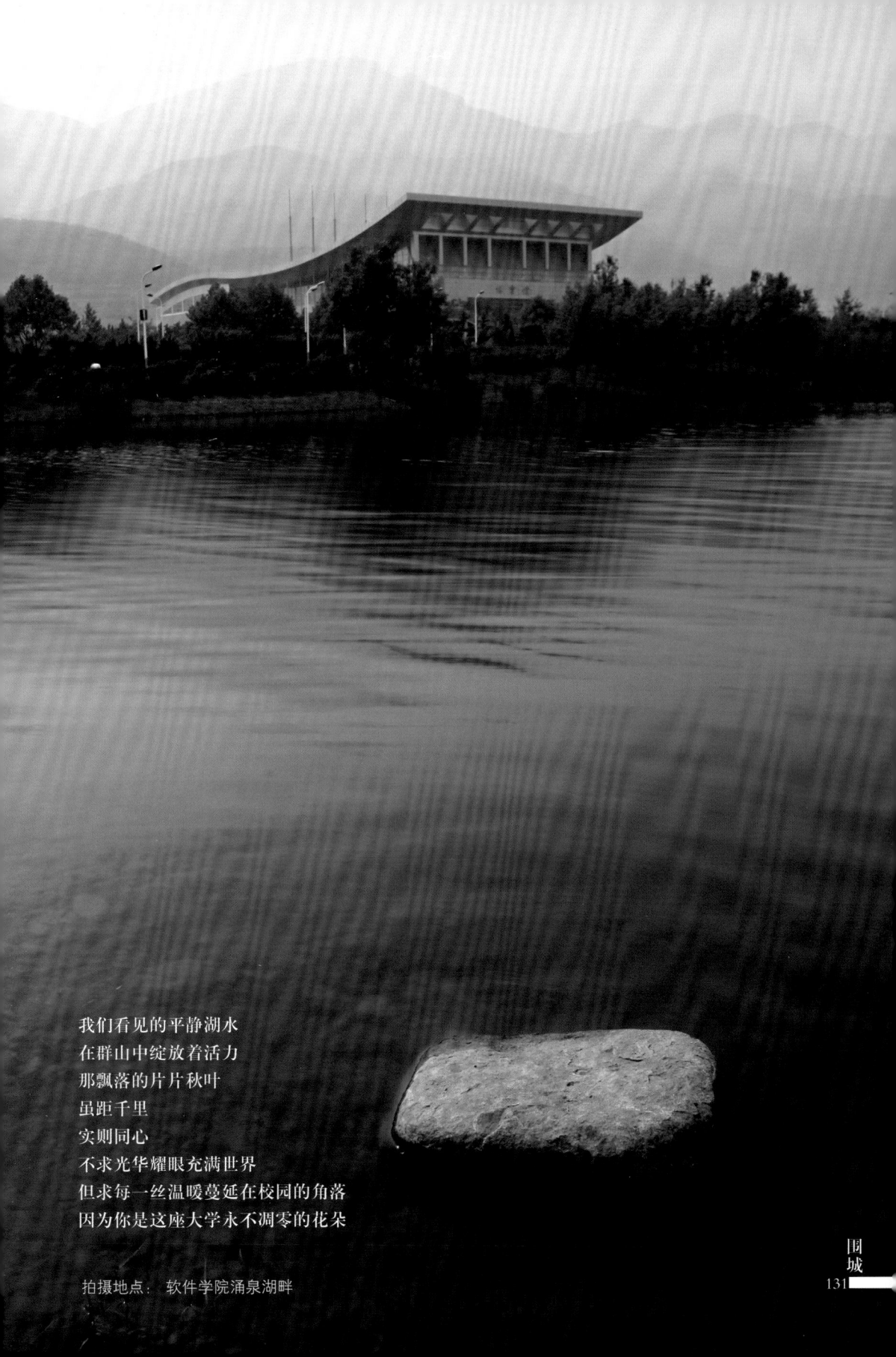

我们看见的平静湖水
在群山中绽放着活力
那飘落的片片秋叶
虽距千里
实则同心
不求光华耀眼充满世界
但求每一丝温暖蔓延在校园的角落
因为你是这座大学永不凋零的花朵

围城

拍摄地点：软件学院涌泉湖畔

当我们提起大工
我们能想起的是那苍翠的树
那古朴的老楼
那淳朴的学风
而现在
我们要在另一个地方
重新书写辉煌
但我们总知道
大工魂
永不变

大工的名字
就这样被写在另一座城市的画卷中
这并不是一场辉煌的结束
在那海天一色的宽广中
我们看见了
另一个大工的冉冉升起
他们同生一脉
却各有千秋
而那些莘莘学子是他们共同的寄托

大工

第一次凌驾在碧波之上

水中的倒影

展示出这个新生力量的活力

他的故事荡气回肠

他在创新的路上越走越远

我们期待他的盛开

就像那些年轻的生命

拍摄地点： 盘锦校区

那些花儿

你还记得那些花儿吗?
他们绽放在你周围
陪你成长
你的所有是他们的养料
那是最美好的华年吧
那里只有成长的香气
你还记得吗?

那时，我们刚刚踏入大工
那是我们第一次聆听这所学校的传奇
那是一个奇妙的时刻
我们抬头仰望穹顶
觉得一切
陌生的像童话
直到那些熟悉的音容笑貌呈现
你才恍然

拍摄地点：刘长春体育馆

引领未来　　团结进取

大连理工大学刘长春体育馆欢迎您

努力把我校建设成国际知名的高水平研究型

雨天
是所有人的临界点
雨滴是上天赐予我们的情绪
它打在我们身上
我们就会悲伤，就会失落
在那一次次擦肩而过之后
我们陷落在这雨的迷宫里
匆匆前行，不知所往

也许前方就是终点
但前方在哪
我们却无从考证
只是在这大工
我们相信前方

拍摄地点：西山一条街

过去像云
抓不到
那些身边的同学
终有一天
像雾一样
变得抓不到
想起梧桐树下朗诵的岁月
才知道
斯人已去

大学里的快乐
有的时候
简单到不可思议
一次活动后的庆功
一次毕业前的惜别
一次毫无原因的相聚
在那个熟悉的小店门口
我们的快乐如此简单
只因为
在最正确的年龄
遇见了你们这群朋友

拍摄地点：西山生活区

那些花儿

拍摄地点：伯川图书馆

书是香的
因为那里有世界上最美妙的情感
书是永恒的
因为那里有世界上最坚固的城墙
那些午后
悠闲的下午茶
一本书，一个人
就是一场一个人的风花雪月

人们说这世界上有一种人
他们不知道春秋冬夏
在他们眼里
只有今天和明天
今天负责奋斗
明天负责成就
曾经的你
是否想得起那个窗边的他
和那老墙上交错的斜影

在大工
这样的身影从不少见　　　他们的手里也许拿了一本书
那一栋栋建筑里　　　　　　也许只是静静地看着窗外
这样的少男少女　　　　　　他们在这里互相扶持
就这样静静地站着　　　　　观望未来

拍摄地点：基础部

那些花儿

人生有无数门口
我们穿行在不同的世界之中
我们管那叫做
经历
在这个熟悉的门口
现在只剩下我形单影只
还记得吗
二十岁的那年
我们幸运地一起踏上去往综合楼的路

拍摄地点：综合教学一号楼

听得见风吹过门廊的声音
看得见那个门口孤单的身影
门外的雨在敲打着大地
这世界上最难解开的是敞开
这世界上最难打破的组合
是一个人
我们站在
空旷的未来背后
却以为
那是过去

拍摄地点：二馆一楼大厅

图书馆的角落
永远有一面镜子
也许我们永远不会注意
但它却精确地记载着我们的轨迹
我们在书架中穿梭
寻找那一本本叫做大学的书
却不知道
这本书的作者是我们
那些书卷
就刻在那透明的世界中

拍摄地点：伯川图书馆

那年的时光
也有这样的人吧
你静静地躲在角落
胆怯地看着同样静静的她
那些时间
凝固在这静止的瞬间
她
是青春最遗憾最完美的剧情

拍摄地点：伯川图书馆

那些花儿

你也有这样的希望吧
多希望有一种方法
让我可以回到那年的教室
在那里
有一群跟我一起奋斗的人
我们重新走过时光
只是
那只是幻想
我们已经各奔东西

拍摄地点：综合教学一号楼

你是否记得
那宽阔的教室
那刚刚进入大学的你们
你们用心去听每一节课
你们在这间宽阔的教室里
争先恐后
而现在
你在门口
看见那熟悉的书籍
在熟悉的位置
你会不会哼起那首叫做追忆的歌

拍摄地点：原八角楼二楼阶梯教室

那些花儿

我们喜欢书籍

书籍里藏满了秘密

也藏满了知识

在这间熟悉的图书馆里

我们翻开一本书

发现现在

上面写着珍重

不知是谁留下

一笔挑破谜团的笔迹

夜晚

在大工

是一个沉默的时刻

这里也许没有喧嚣

却拥有着睿智

在一馆门口

那黑暗与光明的对比如此强烈

还有那一个个

灯光下忙碌却又沉静的身影

那些花儿

大工的早上
充满了忙碌和新鲜
那些行色匆匆的身影
伴随着某种叫做朝气的节奏
当踏进熟悉的教学楼
听着那杂乱的脚步声
你才知道
新的一天
来了
新的一切
来了

拍摄地点：综合教学一号楼一楼大厅

你是否记得
那个懵懂的自己
初次来到这个陌生的校园
转眼之间
这地方已经变成了依靠
事情有时充满了巧合
你以为到了远方
却发现原来这里就是你的家
只是门口少了那一双
挂你念你的父母

拍摄地点：西山一条街

那些花儿

155

大工的食堂
不知道什么时候
变得让我们五味杂陈
我们以为食堂的感觉
在哪里都是一样
直到有一天
我们静静走过旋转门的时候
闻见那久违的饭香
我们就知道
那种味道叫做
忘不了

拍摄地点：中心食堂

模糊的身影
纷扰的世界
我们的世界不是完美
却是一个个模糊的镜像
我们不想停留
因为我们相信明天会更好
但我们却总容易忽略
再美好的明天也是从今天走过的

拍摄地点：中心食堂

多想有这样一天
在那棵熟悉的老树下
我们能够重聚
多想有这样一天
那天跟我们的过去如此相近
让我们产生错觉
那些时光似乎从没溜走
那些花儿
绽放依旧

拍摄地点：西门

在建馆门前
这样的场景从来都不少见
那座跑过甲子轮回的雕像
领略了太多最美好的风景
它跟我讲述了
那些室友
他们变成了一辈子的兄弟
那些闺蜜
她们成为了彼此的伴娘
那些大学里的伙伴
最终没有
陌路
它还在奔跑
因为属于大工的故事
还在铺陈

拍摄地点：建馆前

雨打花落
伞去人空
我们埋怨一切不完美的失去
却不知道
遗憾才是这世界上
最美好的原因
想想大工的雨
想想那些年为梦想独行的我们
你就知道
有了遗憾
才叫青春

清晨

篮球场

少年

朝阳

篮球与篮筐撞击的声音

谁不曾做过青春激扬的少年

谁不曾自由自在

我们怀念那段大学时光

也许只是怀念

那自由自在的自己

拍摄地点：北山篮球场

大工人都喜欢运动
校园的每一个角落
都是他们运动的场所
那体育场的塑胶跑道
那大树中间的石板路
那满是树荫的柏油路
每个地方都充满着运动的激情
也有着那矫健的身影
那点点斑驳的石板路
不经意间
发现新的脚印
这就是大工

拍摄地点：南门水杉林

阳光均匀地笼罩这个世界
无比慷慨
毫不吝啬
背起书包的我们贪婪地吮吸这阳光
我们留下脚印
在那条熟悉的林荫路上

拍摄地点：刘长春体育馆旁

但是我们相信
当我们重新踏上
这条洒满阳光的路
那个背着书包的少年
和他留下的脚印
会清晰地照在那些影子里

那些花儿

一段段
一种种
一点点
一面面
一个难以讲述完的故事
不是没有结局

而是所有结局
已经随着那些雪花融化
没有踪迹
而我们
唯一能讲述的
只有那通往未知的轨迹

拍摄地点：音乐喷泉秀的丁形路

多到难以捕捉
假如大工的主题是主楼
那么这里就是这所学校的节奏
永不停息

那条跑道
陪伴了多少人
它仿佛从来没有终点
跑在上面的人终究要去远方
他们留给这座体育场的背影太多

在西山的那一条长长的甬道上
每天都要游过这样一条长龙
酷暑与寒冬都是一种历练
我们很多时候都不得不面对的世界
不是我们想
而是我们必须
所以
别无选择
风雨同行

拍摄地点：八角楼前

人们喜欢留影
因为他们希望把那些最美好的瞬间
长留心底
你可曾记得
那些和你一起轰轰烈烈的朋友
多么寒冷的季节
他们都在你的身边
他们是那时你生命中必不可少的一个章节
那也许是世界上最美好的情感

拍摄地点：主校区体育场旁

欢迎来到校园嘉年华

有一些热爱
无关岁月

留学生对于大工来说
是一个神奇的符号

他们用自己的热情
告诉那些懵懂的少年
那场决定命运的选择
你没有做错
这将是你四年的家
我们将陪你一起成长

拍摄地点：大连火车站

大工的排票　　　　　　　　峰岚杯
已经算是特有的风景了　　　名人演讲
如果你是大工的学生　　　　文明杯
没有排过票　　　　　　　　每一个值得铭记的活动
生活就不那么完整　　　　　都有那一群可爱的排票者

拍摄地点：中心食堂旁

那些花儿

这样平凡的黄昏
大工每天都在上演
没有人注意到自己正在成为风景
那背景的斜阳
只是静静地站着
当一切凝固
我们才发现得了
它的难得一见

拍摄地点：西便门路口

雨中的人工
到处是撑着伞的灵魂
像是一条长河
比水流还要汹涌
雨滴打在伞上
滴答滴答
像正在走后的明天

拍摄地点：八角楼前

黄昏是白天的余韵

它比白天柔和

比夜晚明亮

这时节上的长椅

坐满那一段段浪漫

那支乐曲叫罗曼蒂克

那些时光凝固在美好中

最后一抹阳光

渲染了你我最纯真的陪伴

拍摄地点：主校区体育场旁

灯影点点
那里是黑夜的尽头
柔和诉说着衷肠
不想打扰那些灯下的少年
我们翻开那斑斓的一页
那灯光下的郁郁葱葱
眨眼间
成为所有陪伴的背景

拍摄地点：材料馆旁

那些花儿

179

祝2012届全体毕业生

广场上站满了人
他们即将离开这里
这个叫做大连理工大学的地方
一路顺风
前程似锦
是学校送给他们的祝福
今天你们要离开
熟悉的地方
你可曾想起那些花儿

拍摄地点：西部校区广场 —— 2012届毕业典礼现场

该结束了吗？
该结束了
该告别了吗？
该告别了
四年的光阴
转瞬即逝
远去的406路车站
最后一次面对着那即将走出视野的校徽
真的
不想说再见
我爱你
大工

拍摄地点：毕业晚会演出现场

流光韶彩

曾经年少
青春是激情的唱响
我们展翅翱翔
那一阵阵意气风发的抒怀
那是我们青春中最靓丽的风采韶华

军训是
大工给这些新生的第一份礼物
那里有你思念的伙伴
你们会相识
那里有第一份最不舍的离开
那里有最开始的憧憬
那位白衣的教官
你现在怎样
还记得你的那些新兵吗

拍摄地点：主校区体育场

我们也许没有机会体验军营的纪律
但是
那年秋天
我们也曾身着军装
迈着整齐的步伐
我们用力去争取荣誉
这也许就是
大学的第一次
引以为傲

拍摄地点：主校区体育场

人们常常喜欢清楚的图案
却不知道
那种恍惚才是最美丽的
因为
那么清晰
却那么容易忘记
那些恍惚
却好像浸了防腐剂
不朽

那个熟悉的身影
消失很久了吧
即使那些训斥
现在也显得异常珍贵
回忆
一触即发
过客的悲伤
就在于
一旦交错
再无交集
所以
能做的只有
勿忘

大工的健美操比赛
在每年的春天萌发
那些舞者
他们坚守着一方舞台
也许告别大学
就告别了舞台
但只要台上灯光不灭
他们仍是不屈的舞者
他们会坚持到灯光的尽头
这就是青春

拍摄地点：山上礼堂 —— 健美操比赛

我和我的祖国

不知道什么时候起
朗诵比赛成为大工文化难以割舍的一部分
那些曾经的我们
也记得吧
那是我们第一次找到关于这个学校的线索
也是我们第一次
真正意识到
原来
我在大工

拍摄地点：山上礼堂 —— 新生诗歌朗诵现场

音符
只要有演奏者
就永远不会消失
光
只要有光源
就永远不会屈服于黑暗
我们
只要有梦想
就永远不会碌碌无为

这舞蹈的名字叫
勇往直前
它不是给懦弱者的教科书
而是送给强者的敲门砖
成功有时并不复杂
勇往直前
仅此而已

拍摄地点：刘长春体育馆

大工与音乐
有着一种双生般的默契
每一年的钟声
都在大工美妙的声音中敲响
我们不知道这里会发生什么美妙的事情
但是
这样一个博雅的校园里
我们有什么理由
不成为一个优雅的人

拍摄地点：山上礼堂

峰岚的符号
叫做梦想
那些留给时光的礼物
叫做释放
在这座大学的舞台上
那叫做峰岚的一个梦
留下我最难忘的那一次
聚光灯下的
涅槃

拍摄地点：西部校区广场

也许你的人生
只有一次可以站上舞台
也许你的人生
再也重复不了这样的精彩
但是
你的人生
已经拥有骄傲的理由
这便足够

自古以来
人们都无比向往飞翔
于是
我们学会跳跃
无论是
飞翔还是跳跃
目的都是一样
超越

拍摄地点：主校区体育场

谁不曾金戈铁马
谁不曾激扬青春
那些拼搏的跳跃
承载着叫做梦想的基因
那些瞬间
汇聚在荣耀中
成为这座学校的骄傲

拍摄地点：刘长春体育馆

力量
是在那一只只手臂中传递
那个叫做团结的故事
传颂千年
却最终被这根不粗的绳索解释
曾经的兄弟们
还记得呐喊和汗水
在那胜利的瞬间
成为曾经最绚丽的烟火

拍摄地点：主校区体育场

木剑
碰撞才有精彩
友谊
交流才会深厚
我们的大学生活从来都不孤单
因为
有你们

拍摄地点：主楼后

图片来源：新闻中心图片库

大工的运动会
每一年都让人印象深刻
不只是体育的精彩
更是热血的绽放
那些方阵中的少年
用力量演绎
少年强
中国强

流光韶彩

大工的胸腔是宽广的
它吸纳着来自世界的风
那些远道而来的客人
在大工审视世界
那些大工蓬勃的青年
在这里
认识世界
在他们的交流中
我们看见了世界的明天

拍摄地点：纽约

壮怀激烈
风中长啸
一拳一脚
便塑造少年英雄

拍摄地点：建设工程学部西侧

我并不想把这照片
放到最后 因为它并不美
也并没有什么技巧

但是我想要告诉大家
无论你是否变老
在大工
青春从未走远
回到这里
重新寻找青春
唯有奔跑
才有精彩
带着这所学校的馈赠
奔跑吧
凌工路二号
不是你的背影
而是你起跑时飞
扬的激情

拍摄地点：主校区体育场